EL PROFESOR ASTRO CAT Y

SISTEMA SOLAR

DR. DOMINIC WALLIMAN Y BEN NEWMAN

BARBARA FIORE EDITORA

BIENVENIDOS A NUESTRO SISTEMA SOLAR

¿Listo para despegar?
Inscríbete en la tripulación:
....

Dedicado a Dexter, Wilfred y Sadie

- Ben Newman -

MIXTO
Papel procedente de fuentes responsables
FSC® C002795
FSC www.fsc.org

EL PROFESOR ASTRO CAT Y EL SISTEMA SOLAR
©BARBARA FIORE EDITORA 2017 ISBN : **978-84-16985-03-6** DEPÓSITO LEGAL: **GR1442-2017**
Ilustraciones: **Ben Newman** Texto: **Dr. Dominic Walliman** y **Hanna Milner** Traducción del inglés: **Enrique Maldonado Roldán** Impreso en **Letonia**
Barbara Fiore Editora S. L. Paseo del fuego, 7, 18220 Albolote, España. **WWW.BARBARAFIOREEDITORA.COM**

Originally published in the English language as *Professor Astro Cat's Solar System* © Flying Eye Books 2017

Al principio, nuestro sistema solar era una nube gigante de polvo y gas que, poco a poco, se solidificó y formó el Sol y los ocho *planetas*.
CINTURÓN DE ASTEROIDES
NEPTUNO
SATURNO
JÚPITER
URANO
Los planetas giran en sus *órbitas* en torno al Sol, nuestra estrella. Primera parada: el Sol ¡Despegamos!

EL SOL

¡Todos a por las gafas de sol! Recordad no mirar directamente al Sol. Es tan brillante que podría haceros daño en los ojos.

Todos los días vemos que el Sol recorre el cielo, pero no se mueve. En realidad, es la Tierra la que da vueltas y vueltas sin parar.

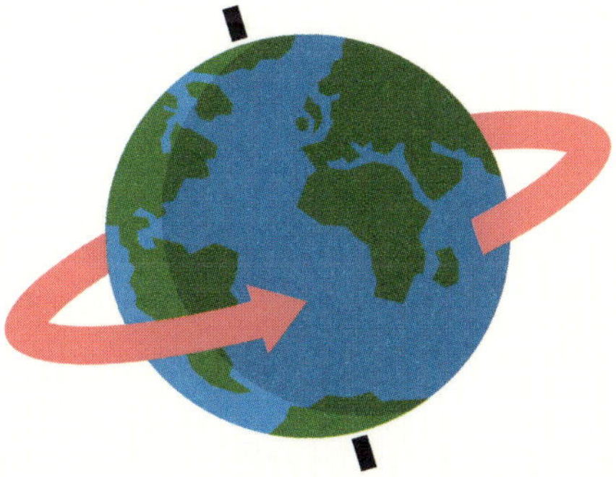

El Sol es una bola de fuego gigante.
Da luz y calor a todos los seres vivos de la Tierra.
¡Uf, estoy sudando!
Próxima parada: Mercurio.

MERCURIO
Mercurio es el planeta más cercano al Sol y el más pequeño de nuestro sistema solar.
No tiene *atmósfera*. Eso significa que no está protegido de los asteroides y los cometas. ¡La superficie está llena de cráteres!

MESSENGER
La *sonda espacial* MESSENGER nos ha enseñado mucho sobre este planeta. Entre otras cosas, que hay hielo en Mercurio.

VENUS

¡Cuidado, exploradores!
Hemos llegado a Venus, el planeta más caliente.
Su *atmósfera* es espesa y la lluvia es mortal.

La primera *sonda espacial* que viajó a Venus encontró el planeta cubierto de volcanes y lava.
Mercurio y Venus son los únicos planetas sin *satélites* que los *orbiten*. ¡Se deben sentir muy solos!

¡Ah!, este es mi planeta favorito: ¡la Tierra! Está a la distancia perfecta del Sol para que haya agua en su estado líquido. Las plantas y los animales necesitan agua para vivir.
LA TIERRA

Cuando una cara de la Tierra mira al Sol, decimos que es de día; mientras, en la cara contraria es de noche. Un día completo, con su noche, dura 24 horas: es lo que tarda la Tierra en dar una vuelta sobre sí misma.

¡La Luna es nuestro vecino más cercano! Necesita casi un mes para *orbitar* la Tierra.

MARTE

¿Un planeta rojo? ¡Debemos de estar en Marte! Es un planeta seco, como un desierto. Las rocas de la superficie le dan su color rojo.

Hay marcas del paso del agua en la superficie del planeta. Por eso, los científicos se preguntan si hubo vida en Marte.

Marte tiene la montaña más alta de nuestro sistema solar: el monte Olimpo. ¡Es casi tres veces más alto que el Everest!

ASTEROIDES Y COMETAS

Los asteroides son pedazos de roca y de hielo. La mayoría se encuentra en las órbitas entre Marte y Júpiter.
¡Mirad allí! ¡Están pasando dos cometas! Cuando el Sol los atrae, los cometas dejan una estela de hielo.

JÚPITER

¡Uf! Conseguido. Los cuatro últimos planetas del sistema solar están compuestos sobre todo de gases. No podemos aterrizar en ellos: los atravesaríamos.
Es verdad. Este planeta es tan grande que es mejor mirarlo desde lejos. Aquí está Júpiter, ¡el gigante!

Más de sesenta *satélites orbitan* Júpiter.
Uno de ellos, Europa, es el lugar del sistema solar con
más posibilidades de albergar *vida extraterrestre*.

SATURNO

¡Qué maravilla!
Todos los planetas gaseosos tienen anillos, pero los de Saturno son los más grandes. Están formados por pedacitos de hielo.

¿Sabíais que, aunque es muy grande,
Saturno flotaría en el agua?

URANO

¡Urano es el único planeta del sistema solar
que gira verticalmente!
Tal vez, hace miles de millones de años,
algo enorme chocó contra él y cambió su
posición: de horizontal a vertical.

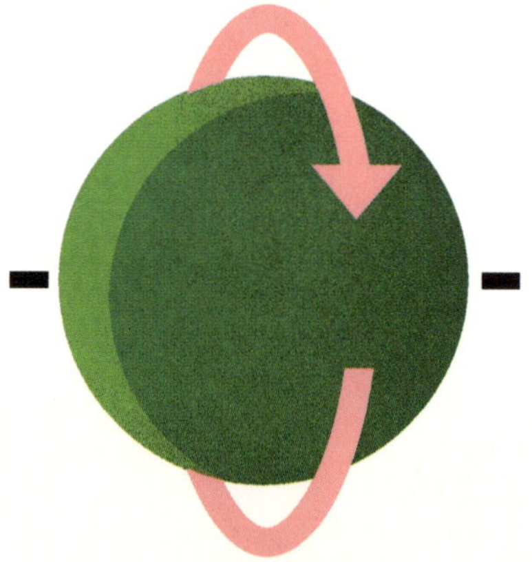

Urano está tan lejos del Sol que recibe luz constante durante 42 años, seguidos de 42 años de oscuridad total. ¡Eso sí que es un invierno largo!
Los científicos creen que millones de diamantes flotan en el centro de Urano. Para llegar hasta ellos, ¡habría que atravesar un océano hirviendo!

NEPTUNO

¡Última parada, amigos! Este es Neptuno, el planeta más lejano de nuestro sistema solar. Necesita nada menos que 165 años terrestres para *orbitar* el Sol.

Neptuno recibe su nombre del dios romano del mar por su precioso color azul.
En la superficie de este planeta, ¡el viento sopla más rápido que en ningún otro!

OBSERVAR EL SISTEMA SOLAR Y MÁS ALLÁ